HISTOIRE DU CHIEN DE BRISQUET,

PAR CH. NODIER.

PARIS.
F. BLANCHARD, ÉDITEUR, RUE DE RICHELIEU, 78,
ANCIENNE LIBRAIRIE BETZEL.
1854.

HISTOIRE

DU

CHIEN DE BRISQUET,

PAR

CHARLES NODIER.

VIGNETTES PAR TONY JOHANNOT.

PARIS.
BLANCHARD, ÉDITEUR, RUE DE RICHELIEU, 78.
1854.

IMPRESSION EN NOIR ET EN COULEURS
DE G. SILBERMANN, A STRASBOURG.

HISTOIRE DU CHIEN DE BRISQUET.

En notre forêt de Lions, vers le hameau de la Goupillière, tout près d'un grand puits-fontaine qui appartient à la chapelle Saint-Mathurin, il y avoit un bonhomme, bûcheron de son état, qui

s'appeloit Brisquet, ou autrement le fendeur à la bonne hache, et qui vivoit pauvrement du produit de ses fagots, avec sa femme qui s'appeloit Brisquette.

Le bon Dieu leur avoit donné deux jolis petits enfants, un garçon de sept ans qui étoit brun, et qui

s'appeloit Biscotin, et une blondine de six ans qui s'appeloit Biscotine.

Outre cela, ils avoient un chien bâtard à poil frisé,

noir par tout le corps, si ce n'est au museau qu'il avoit couleur de feu ; et c'étoit bien le meilleur chien du pays, pour son attachement à ses maîtres.

On l'appeloit *la Bichonne*, parce que c'était peut-être une chienne.

Vous vous souvenez du temps où il vint tant de

loups dans la forêt de Lions. C'étoit dans l'année des grandes neiges, que les pauvres gens eurent si grand-peine à vivre. Ce fut une terrible désolation dans le pays.

Brisquet, qui alloit toujours à sa besogne, et qui

ne craignoit pas les loups à cause de sa bonne hache, dit un matin à Brisquette : « Femme, je vous prie de « ne laisser courir ni Biscotin ni Biscotine, tant que « M. le grand-louvetier ne sera pas venu. Il y auroit « du danger pour eux. Ils ont assez de quoi marcher « entre la butte et l'étang, depuis que j'ai planté des « piquets le long de l'étang pour les préserver d'acci- « dent. Je vous prie aussi, Brisquette, de ne pas laisser « sortir la Bichonne, qui ne demande qu'à trotter. »

Brisquet disoit tous les matins la même chose à Brisquette. Un soir il n'arriva pas à l'heure ordinaire. Brisquette venoit sur le pas de la porte, rentroit, ressortoit, et disoit en se croisant les mains: « Mon Dieu, qu'il est attardé!... »

Et puis elle sortit encore, en criant: « Eh! Brisquet! »

Et la Bichonne lui sautoit jusqu'aux épaules, comme pour lui dire: — N'irai-je pas?

« Paix! lui dit Brisquette. — Écoute, Biscotine, « va jusque devers la butte pour savoir si ton père ne « revient pas. — Et toi, Biscotin, suis le chemin au « long de l'étang, en prenant bien garde s'il n'y a pas « de piquets qui manquent. — Et crie fort, Brisquet! « Brisquet!... »

« Paix! la Bichonne! »

Les enfants allèrent, allèrent, et quand ils se

furent rejoints à l'endroit où le sentier de l'étang vient couper celui de la butte : « Mordienne ! dit Biscotin, « je retrouverai notre pauvre père, où les loups m'y « mangeront. »

« Pardienne, dit Biscotine, ils m'y mangeront bien « aussi. »

Pendant ce temps-là, Brisquet étoit revenu par le grand chemin de Puchay, en passant à la croix aux

Anes sur l'abbaye de Mortemer, parce qu'il avoit une

bottée de cotrets à fournir chez Jean Paquier. — « As-tu vu nos enfants? » lui dit Brisquette.

« Nos enfants? dit Brisquet. Nos enfants! mon Dieu! sont-ils sortis? »

« Je les ai envoyés à ta rencontre jusqu'à la butte et à l'étang, mais tu as pris par un autre chemin. »

Brisquet ne posa pas sa bonne hache. Il se mit à courir du côté de la butte.

« Si tu menois la Bichonne? » lui cria Brisquette. La Bichonne étoit déjà bien loin.

Elle étoit si loin que Brisquet la perdit bientôt de vue. Et il avoit beau crier: « Biscotin, Biscotine! » on ne lui répondoit pas.

Alors il se prit à pleurer, parce qu'il s'imagina que ses enfants étoient perdus.

Après avoir couru longtemps, longtemps, il lui sembla reconnoître la voix de la Bichonne. Il marcha droit dans le fourré, à l'endroit où il l'avait entendue, et il y entra, sa bonne hache levée.

La Bichonne étoit arrivée là au moment où Biscotin

et Biscotine alloient être dévorés par un gros loup. Elle s'étoit jetée devant en aboyant, pour que ses abois avertissent Brisquet. Brisquet d'un coup de sa bonne

hache renversa le loup roide mort, mais il étoit trop tard pour la Bichonne. Elle ne vivoit déjà plus.

16 HISTOIRE DU CHIEN DE BRISQUET.

Brisquet, Biscotin et Biscotine rejoignirent Brisquette. C'étoit une grande joie, et cependant tout le monde pleura. Il n'y avoit pas un regard qui ne cherchâ la Bichonne.

Brisquet enterra la Bichonne ou fond de son petit

courtil sous une grosse pierre sur laquelle le maître d'école écrivit en latin.

C'EST ICI QU'EST LA BICHONNE,
LE PAUVRE CHIEN DE BRISQUET.

Et c'est depuis ce temps-là qu'on dit en commun proverbe : *Malheureux comme le chien à Brisquet, qui n'allit qu'une fois au bois, et que le loup mangit.*

www.ingramcontent.com/pod-product-compliance
Lightning Source LLC
Chambersburg PA
CBHW071425060426
42450CB00009BA/2020